bambino LÜK®

westermann®

3-5 JAHRE

Wimmelbilder mit Elefant und Hase

LERNSPIEL

Das ist drin im Wimmelbuch:

Du magst den kleinen blauen Elefanten und den rosa Hasen und liebst Wimmelbilder genauso wie wir? Dann wirst du mit diesem Heft jede Menge Spaß haben!
Es gibt so viel zu sehen!
Schau, wie das Zimmer von Elefant und Hase aussieht, mit welchen Spielzeugen sie am liebsten spielen, welche Lebensmittel sie gern einkaufen und was sie in ihrer Freizeit tun. Begleite sie auf ihrer Reise mit dem Schiff und komm mit an den Strand!

Elefant und Hase aus der „Sendung mit dem Elefanten“ des WDR.

© 2016 Westermann Lernspielverlage GmbH, Braunschweig 2026 2025
© Friedrich Streich / Trickstudio Lutterbeck GmbH / WDR
WDR mediagroup GmbH, Die Sendung mit dem Elefanten ® WDR
Illustrationen: Ina Mertens / Steffi Krohmann
Druck und Verarbeitung: westermann druck GmbH, Braunschweig
ISBN 978-3-8377-7671-3

So einfach spielst du bambinoLÜK:
Öffne das bambinoLÜK-Lösungsgerät und lege es auf dein aufgeschlagenes bambinoLÜK-Heft. Lege die sechs Plättchen mit den Symbolen nach oben auf die Aufgaben mit den gleichen Symbolen, also das Plättchen mit dem roten Symbol Haus auf die Aufgabe mit dem roten Symbol Haus oben links in der Ecke. Wenn die Plättchen auf der Aufgaben liegen, nimmst du das Plättchen mit dem Symbol Haus und siehst dir die Aufgabe an, auf der das Plättchen lag. Welches Bild auf der unteren Seite passt wohl dazu? Lege das Plättchen auf dieses passende Bild. Mach es ebenso mit den anderen fünf Plättchen und Aufgaben. Schließe dann das bambinoLÜK-Lösungsgerät und drehe es nach oben um. Jetzt siehst du das bei der Übung abgebildete Lösungsmuster.

Die Spielanleitung

1 Im Kinderzimmer

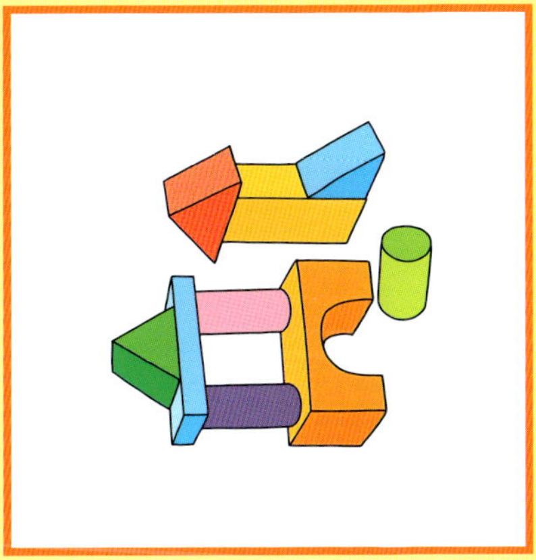

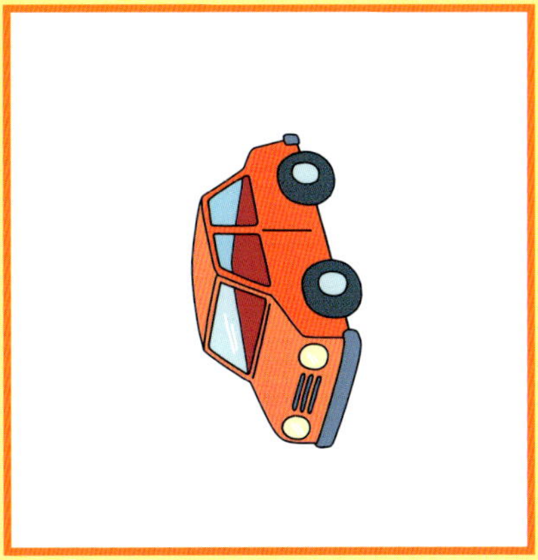

2 Auf dem Spielplatz

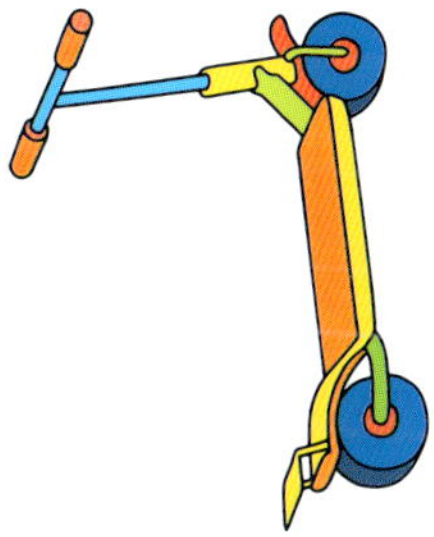

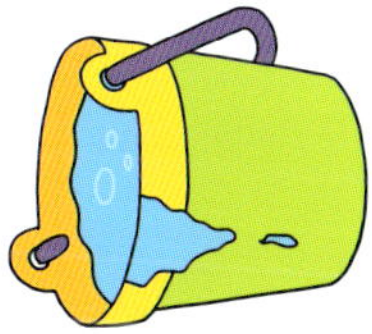

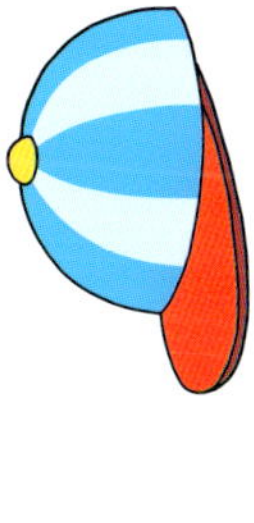

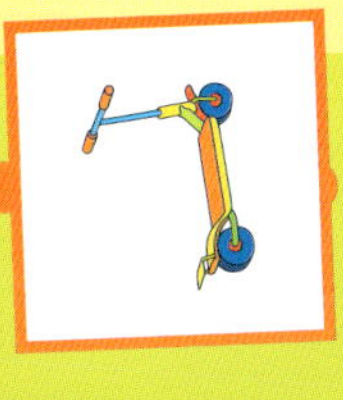

3 Beim Einkaufen

Wie geht es weiter?

4 Beim Arzt

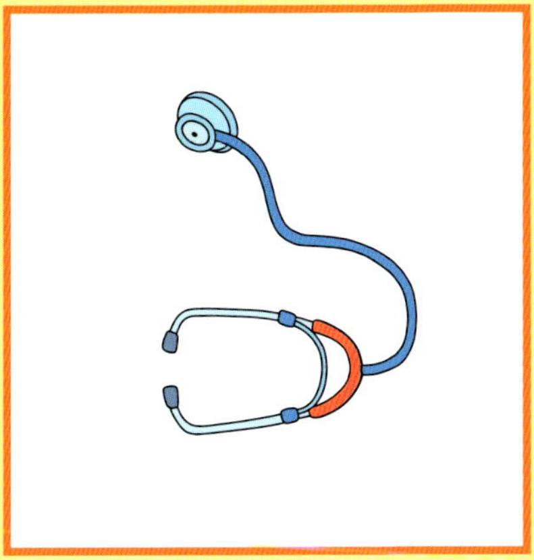

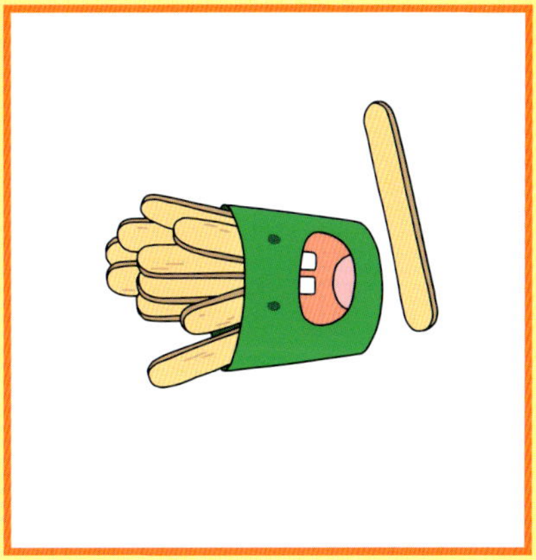

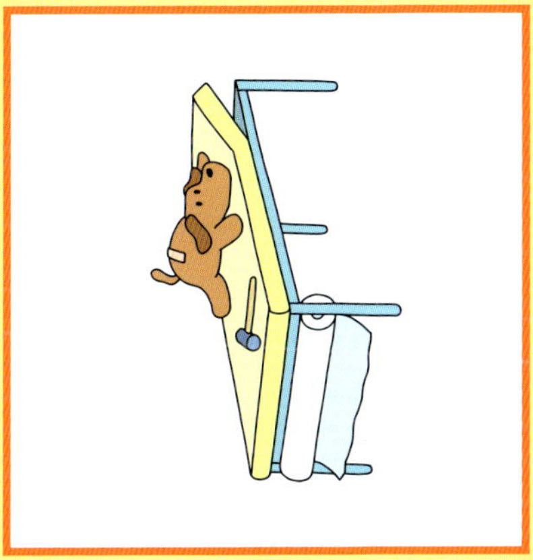

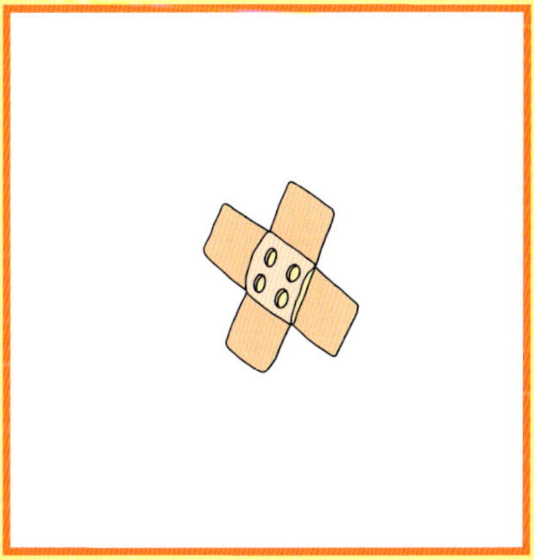

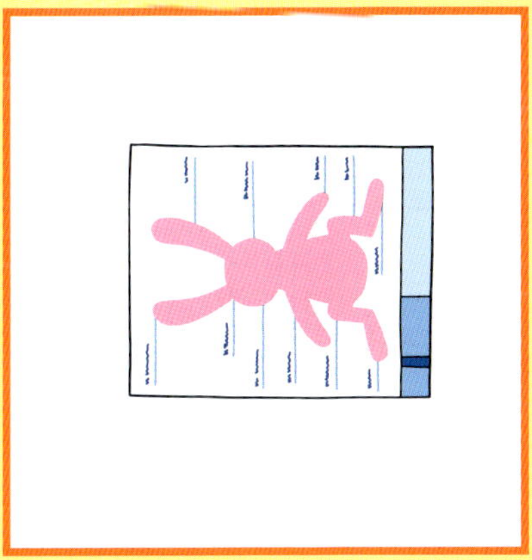

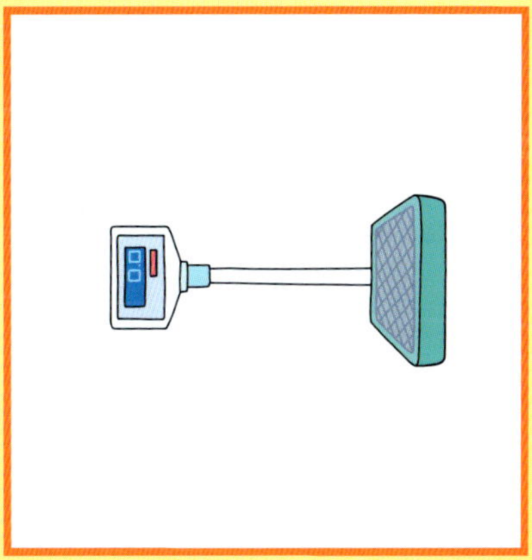

5 Im Bahnhof

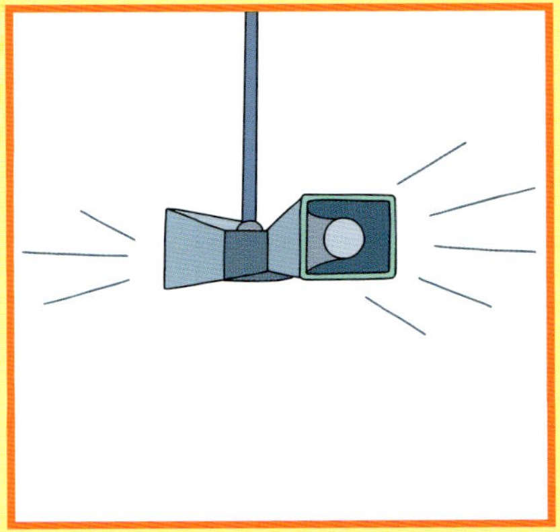

12:10 BERLIN
12:19 KÖLN HBF

6 Im Wald

7 Am Strand

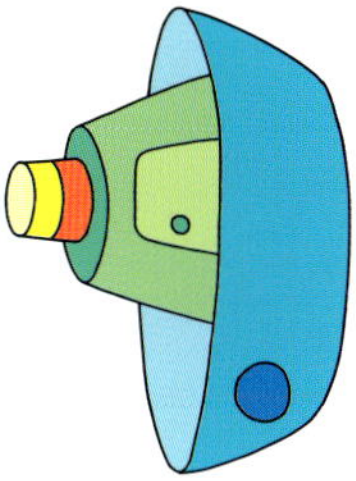
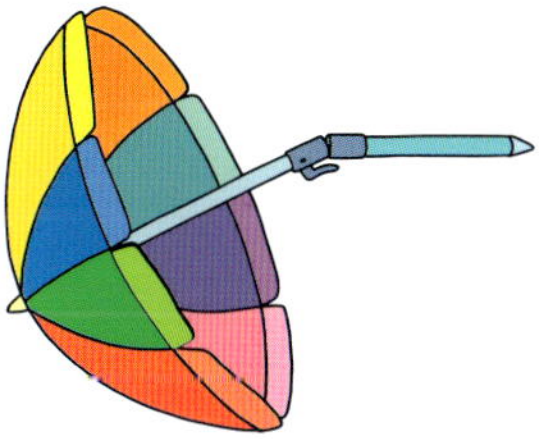

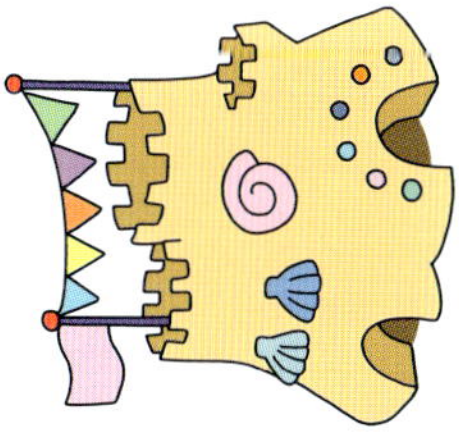

8 Im Gebirge

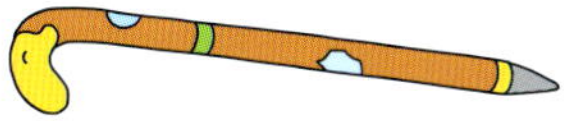

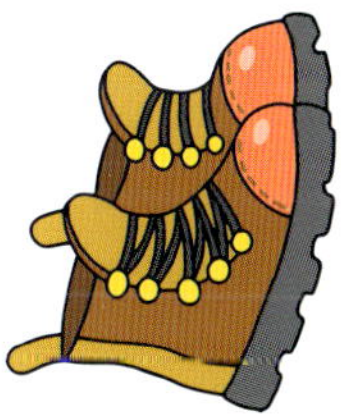

9 Auf dem Jahrmarkt

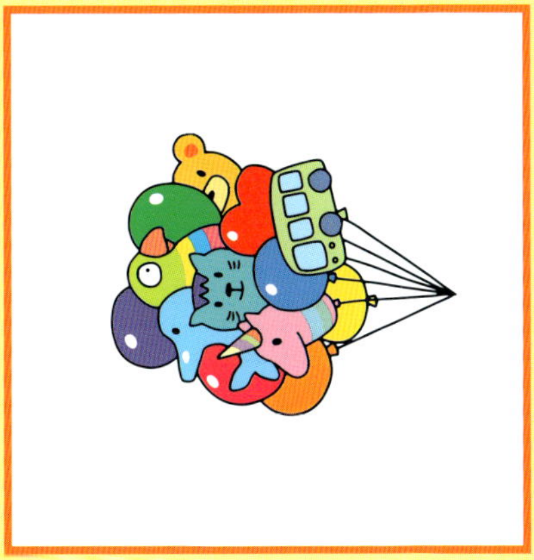

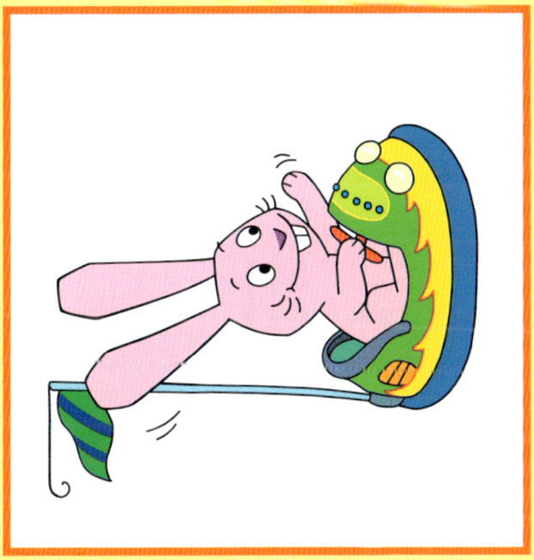

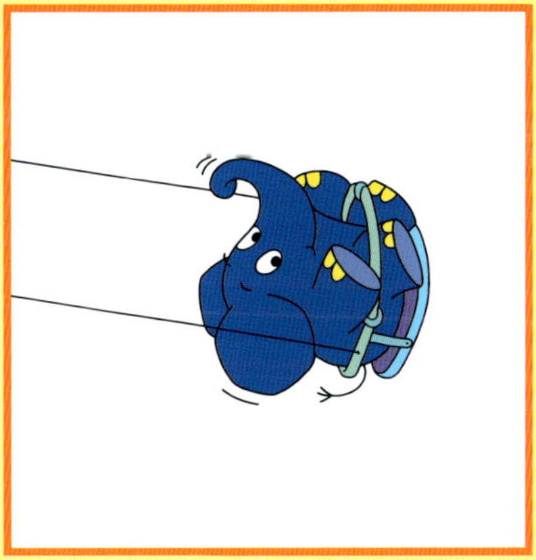

10 Auf dem Schiff

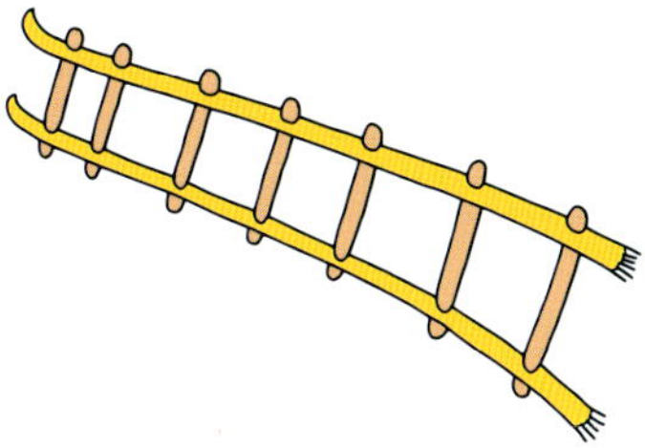

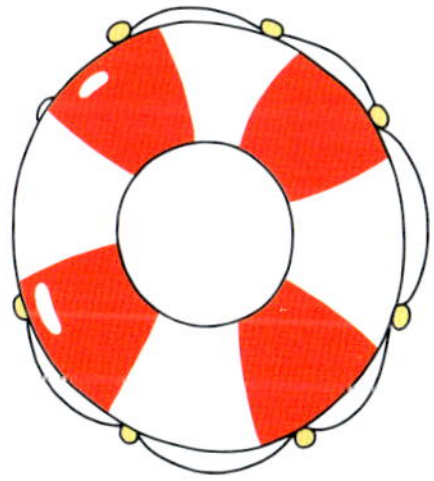

11 Im Spielzeugladen

Inhalt

Wimmelbilder sind wunderbare Konzentrationsverstärker. Um die einzeln abgebildeten Gegenstände wiederzufinden, müssen die Kinder genau beobachten, vergleichen und zuordnen. Das macht mit Elefant und Hase, den beliebten Protagonisten der „Sendung mit dem Elefanten" des WDR, doppelt so viel Spaß.

Die Übungen sollten sprechend begleitet und die Dinge und Situationen möglichst genau von den Kindern benannt werden. Viele der in den Übungen enthaltenen Spiele und Situationen können mit einfachen Mitteln zu Hause nachgespielt werden.

bambinoLÜK ab 2, ab 2 1/2:

Das kann ich mit 2
ISBN 978-3-89414-**604**-7
Einfache Übungen für unsere jüngsten bambinoLÜK-Fans.

Das kann ich mit 2 1/2
ISBN 978-3-89414-**643**-6
Weiterführung einfacher Einstiegsübungen für unsere jüngsten bambinoLÜK-Spieler.

Formen und Zeichen mit Elefant und Hase
ISBN 978-3-8377-**0665**-9
Basales Training zu Formen, Farben und Zeichen. Formen, Farben, Ausschnitte und Bestandteile erkennen, suchen und zuordnen.

Elefant u. Hase - die allerbesten Freunde
ISBN 978-3-8377-**0664**-2
Aktivitäten im Tageslauf, die alle Kinder kennen, mit den beliebten Protagonisten Elefant und Hase.

Meine kleine Welt
ISBN 978-3-8377-**7988**-2
Übungen mit Bezug zur unmittelbaren Umgebung zweijähriger Kinder. Kinderzimmer, Spielzeuge, einfache Tätigkeiten und Eigenschaften.

Meine ersten Farben
ISBN 978-3-8377-**7985**-1
Die Grundfarben und deren Vorkommen in der kindlichen Umgebung.

Meine ersten Wege
ISBN 978-3-8377-**7986**-8
Wortschatzübungen zu Themen wie Haus, Garten, Spielplatz, Streichelzoo ...

bambinoLÜK ab 3:

Das kann ich mit 3
ISBN 978-3-89414-**644**-3
Übungen für schlaue Dreijährige.

Ich freue mich auf den Kindergarten
ISBN 978-3-89414-**645**-0
Kindergartenalltag: Fotos rahmen, Bilder ausschneiden, Tierfiguren aussägen,

Konzentrationsspiele 1
ISBN 978-3-89414-**613**-9
Was siehst du durchs Guckloch? Puzzleteile zusammensetzen! Wo ist das Gleiche? Laternen basteln, Nagelbilder, Windräder ...

Was gehört zusammen
ISBN 978-3-89414-**610**-8
Fahrzeuge und Alltagsgegenstände. Was passiert gleich? Woraus wird das gemacht?

Ein Tag mit Elefant und Hase
ISBN 978-3-8377-**7666**-9
Der Tageslauf vom Aufstehen bis zum Schlafengehen mit kurzen Vorlesetexten.

Spannende Erlebnisse m. Elefant u. Hase
ISBN 978-3-8377-**7667**-6
Kleine Ausflüge und Entdeckungsreisen aus der Sicht der Kinder mit kurzen Vorlesetexten.

bambino LÜK

westermann

WWW.LUEK.DE

Plättchen für Plättchen zum Erfolg!
Mit dem bambinoLÜK-Kontrollgerät.

Das fröhliche bambinoLÜK-Übungsheft zur Wahrnehmungs-, Koordinations- und Konzentrationsentwicklung für alle Kinder ab 3 Jahren.

- Einfache Übungen, von Kindern selbst zu lösen: zur Förderung des genauen Beobachtens, Vergleichens und Zuordnens.
- Durch aufmerksame Mitarbeit wird die allgemeine Konzentrationsfähigkeit nachhaltig gestärkt.

Wimmelbilder mit Elefant und Hase
ISBN 978-3-8377-7671-3

9 783837 776713